Te tia kabung tinau

Te korokaraki iroun Ella Kurz
Te korotaamnei iroun John Robert Azuelo

Library For All Ltd.

E boutokaaki karaoan te boki aio i aan ana reitaki ae tamaaroa te Tautaeka ni Kiribati ma te Tautaeka n Aotiteeria rinanon te Bootaki n Reirei. E boboto te reitaki aio i aon katamaaroaan te reirei ibukiia ataein Kiribati ni kabane.

E boreetiaki te boki aio iroun te Library for All rinanon ana mwane ni buoka te Tautaeka n Aotiteeria.

Te Library for All bon te rabwata ae aki karekemwane mai Aotiteeria ao e boboto ana mwakuri i aon kataabangakan te ataibwai bwa e na kona n reke irouia aomata ni kabane. Noora libraryforall.org

Te tia kabung tinau

E moan boreetiaki 2022
E moan boreetiaki te katootoo aio n 2022

E boreetiaki iroun Library For All Ltd
Meeri: info@libraryforall.org
URL: libraryforall.org

Te korotaamnei iroun John Robert Azuelo

Atuun te boki Te tia kabung tinau
Aran te tia korokaraki Kurz, Ella
ISBN: 978-1-922844-84-2
SKU02271

Te tia kabung tinau

E aki rangi n tiitiku ni
mweengara tinau bwa e
na kamatuuai i mwaain
matuu.

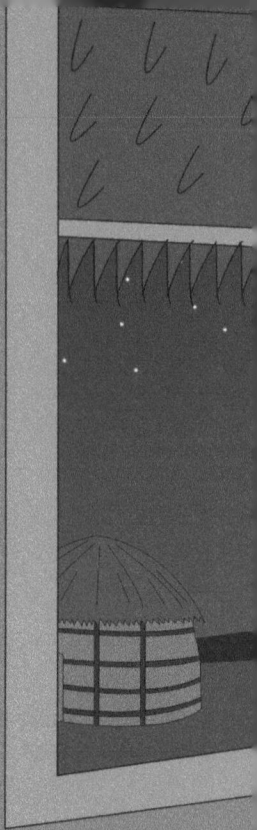

3

Bon te tia kabung tinau ao angiin te tai e weteaki irouia aine aika a kaani bung bwa e na buokiia.

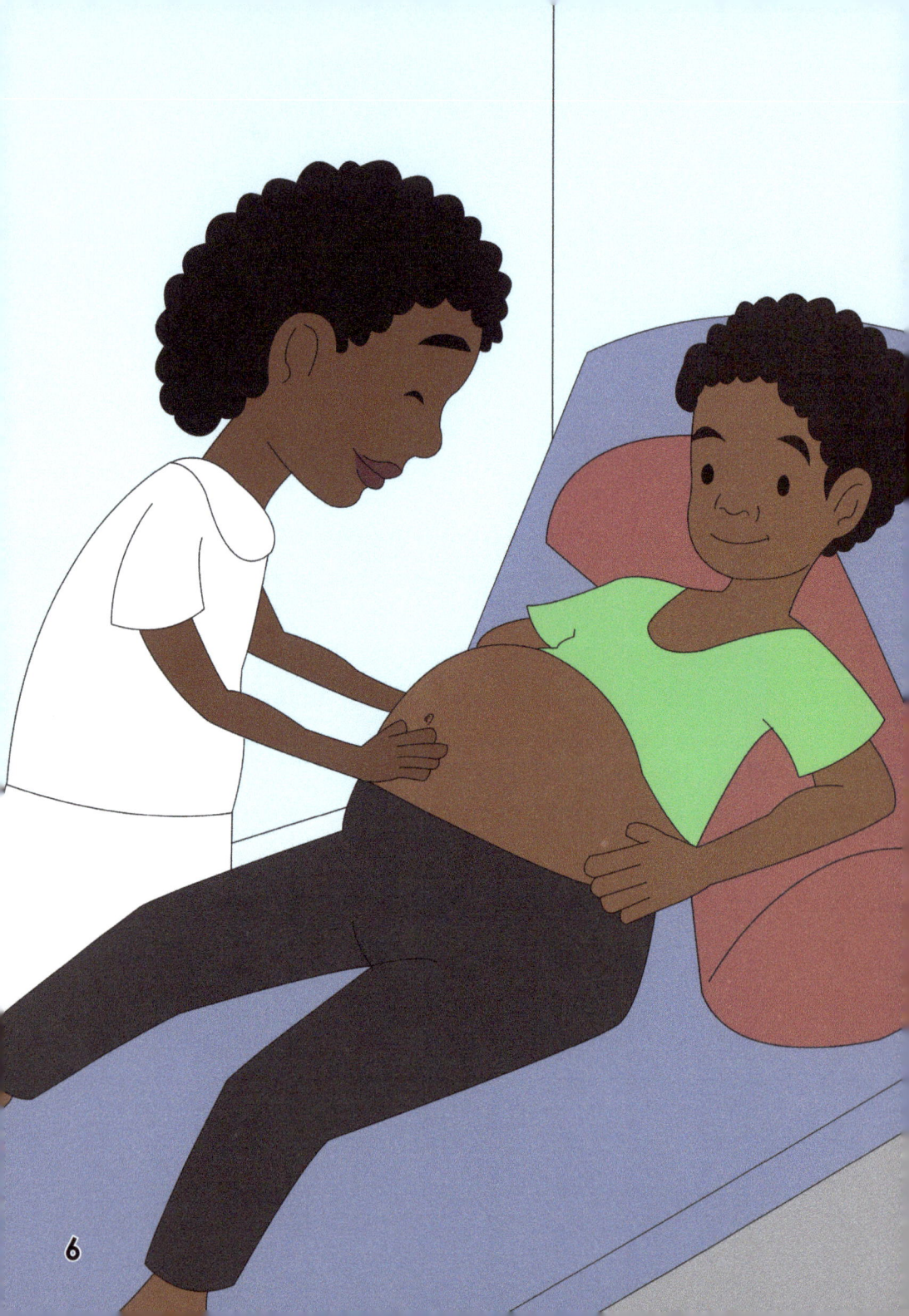

E tiku i rarikiia aine ni karokoa ae a tia aroia ni bung.

E tararuaiia bwa aonga ni beebete aron bungiia, ao n tuangiia te bwai ae a na riai ni karaoia bwa aonga ni bung.

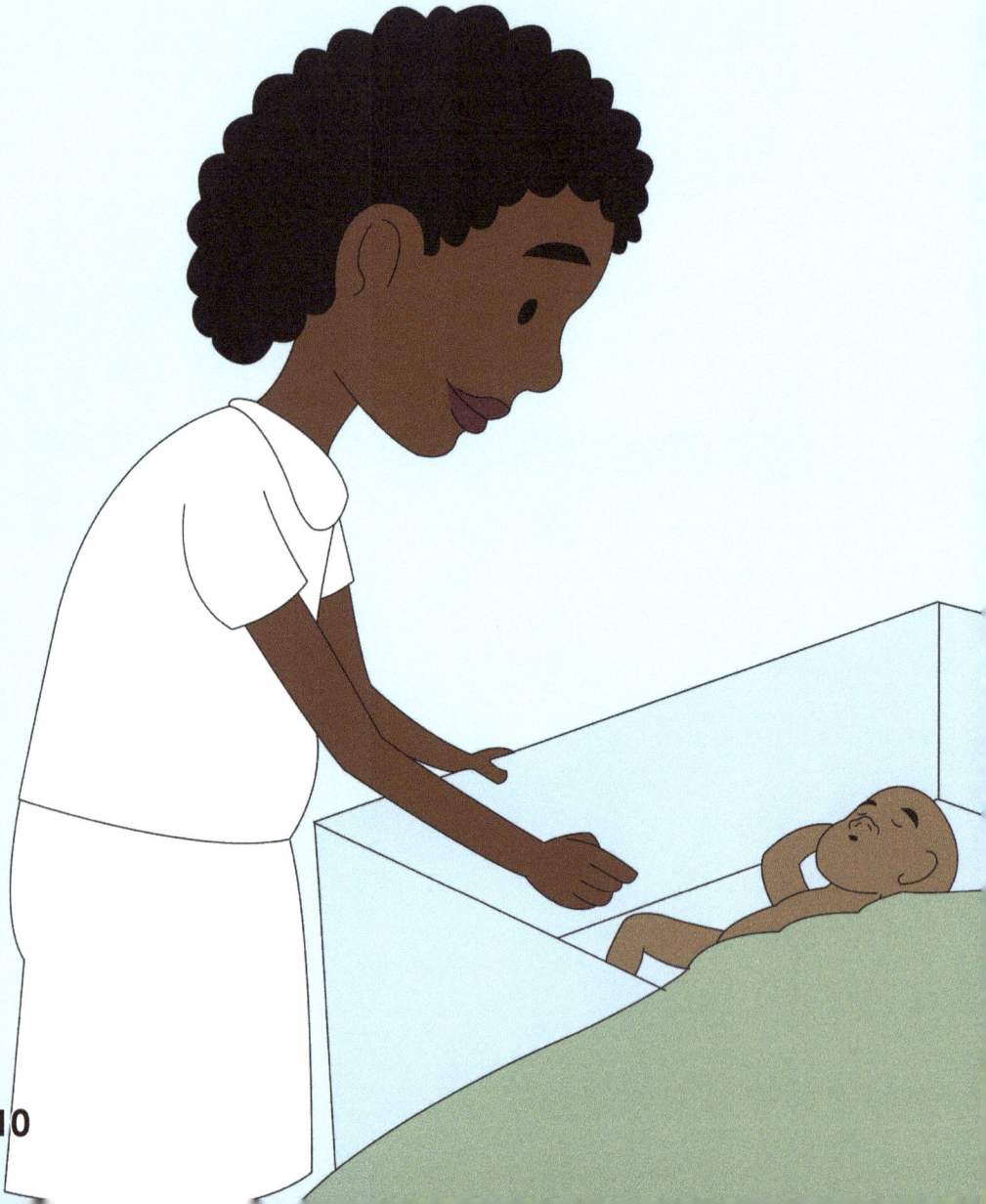

E tararuaia bwa e aonga n
teimatoa marurungin te tina
ke te nati i nanon tain te bung.

11

Ngkana e tia ni bung te aine
ni mweengana, e kona ni kaira
te aine aanne tinau nakon te
taokita ke te oonaoraki ibukin
buokana riki tabeua.

A kona ni kamaiuaki taan bung man ataakin waaki ni ibuobuoki.
E a tia ni warekii booki aika mwaiti tinau ao ni kamatebwai mwaaka bwa e aonga ni mwaatai ni buokiia aine n aia tai ni bung.

I mwiin bungiakin te teei,
e ibuobuoki tinau ni karekea
te ikikina i marenan te tina
ma natina.

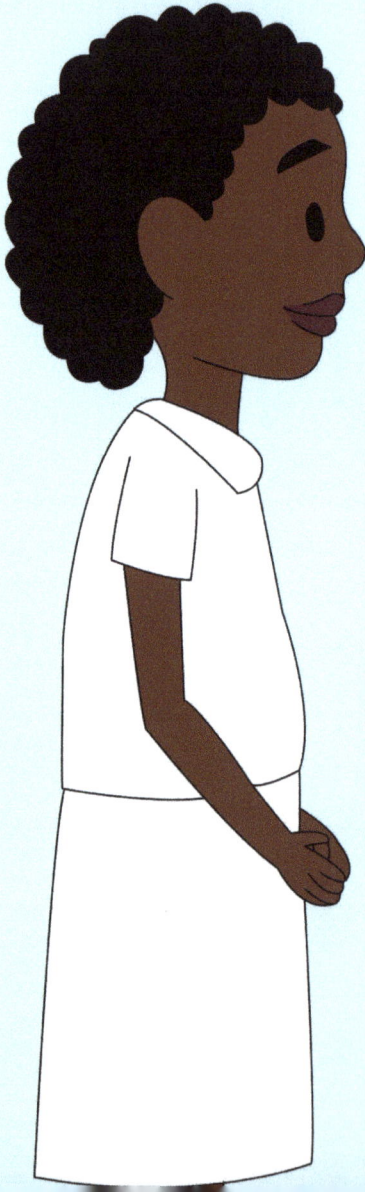

Aioo te tai ae rangi ni kakaawaki iroun te teei bwa e na reireinna ni mmamma ao n tangira.

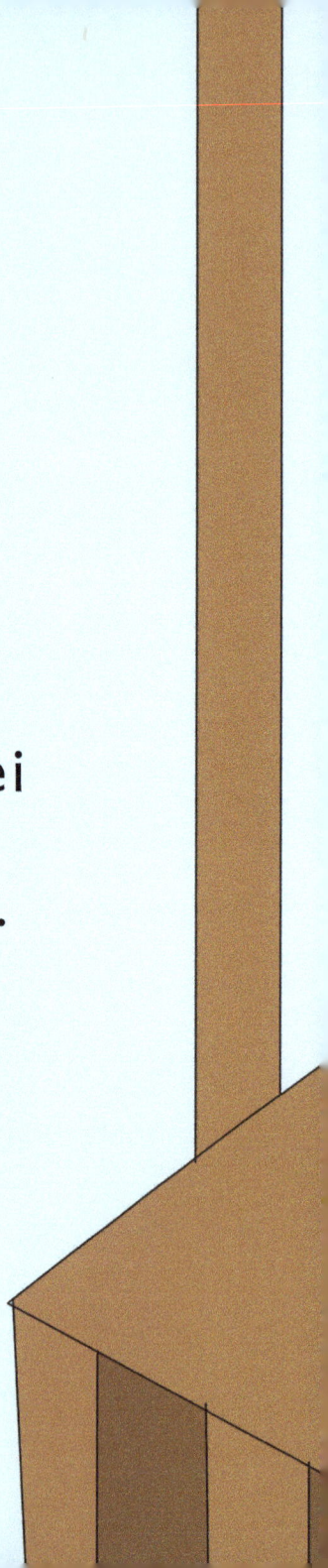

Angiin te tai ngkana e oki
nakon mweengara tinau,
e rawea motirawana bwa
e a kua.

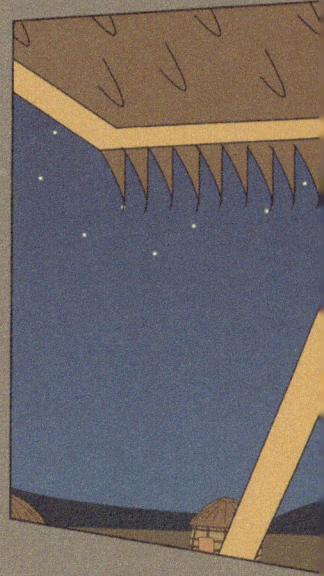

I aki toki ni weewene i rarikina, ni koonaki ni baina ao n tataningaa ana karaki ae e na karakinna i mwaain matuuna.

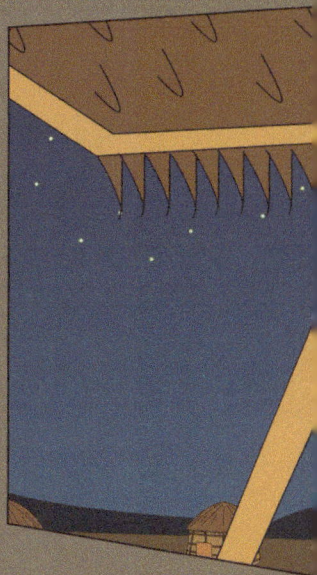

I rangi ni kan
ongoongoraa taekan
te moan itaramata i
marenan te nati ao
te tina.

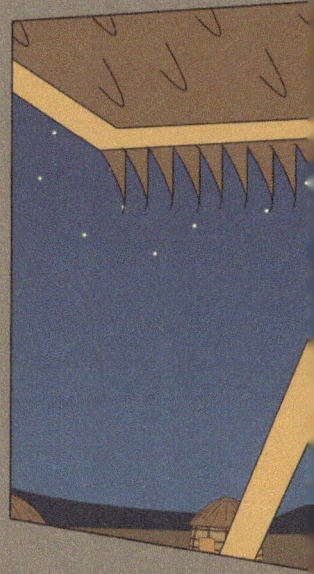

Tabeua te wiiki i mwiin te bung, e aki toki ni kaakawara te tina ao te nati tinau, n tuoia bwa a na riai ni kukurei ao n teimatoa marurungiia.

A bon rooroko naba bwaintangira i matan ara auti, mai iroun taman ke tibun te teei are e a tibwa bungiaki.

Ko kona ni kaboonganai titiraki aikai ni maroorooakina te boki aio ma am utuu, raoraom ao taan reirei.

Teraa ae ko reiakinna man te boki aio?

Kabwarabwaraa te boki aio.
E kaakamanga? E kakamaaku?
E kaunga? E kakaongoraa?

Teraa am namakin i mwiin warekan te boki aio?

Teraa maamaten nanom man te boki aei?

Rongorongon te tia korokaraki

Bon kaain Canberra i Aotiteeria Ella Kurz. Bon te tia kabung ao e korea te boki aio bwa e na kaungaia aomata bwa a na reireiniia te rabakau aio.

Ko kukurei n te boki aei?

Iai ara karaki aika a tia ni baarongaaki aika a kona n rineaki.

Ti mwakuri n ikarekebai ma taan korokaraki, taan kareirei, taan rabakau n te katei, te tautaeka ao ai rabwata aika aki irekereke ma te tautaeka n uarokoa kakukurein te wareware nakoia ataei n taabo ni kabane.

Ko ataia?

E rikirake ara ibuobuoki n te aonnaaba n itera aikai man irakin ana kouru te United Nations ibukin te Sustainable Development.

libraryforall.org

www.ingramcontent.com/pod-product-compliance
Lightning Source LLC
Chambersburg PA
CBHW040313050426

42452CB00018B/2829

9 7 8 1 9 2 2 8 4 4 8 4 2